ウオッチマン・ニー著

初信者シリーズ

口で
告白する

JN061245

8

JGW日本福音書房

口で告白する

聖書：ローマ十・十、箴二九・二五、マタイ十・三二―三三

一　口で告白することの重要性

人は主を信じたなら、そのことを隠すべきではありません。主を信じたなら、口で主を告白しなければなりません。口で主を告白することはとても重要なことです。

Ａ　信じたらすぐ口を開かなければならない

人が主を信じたら、すぐに人々の前で主を告白すべきです。人に子供が生まれて、一歳になっても二歳になっても話すことができず、三歳になってもやはり話すことができないとしたら、どう思いますか？　声を出すのが特別に遅いのでしょうか？三十歳になって初めて一、二、三、四を言い、五十歳になってやっとお父さん、お

母さん、と呼ぶようになるのでしょうか？　子供の時に口の利けない者なら、おそらく一生涯、口の利けないままでしょう。子供の時にお父さん、お母さん、と呼べないなら、一生涯、呼べないでしょう。同じように、初信者が主を信じた後、即座に主を告白しないなら、おそらく一生涯、口の利けない者となるでしょう。子供の時、話すことができないなら、大人になっても話すことができないでしょう。

ある人はクリスチャンになって十年、二十年たっても、やはり口の利けないままです。それは、彼らがクリスチャン生活の最初の週も次の週も口を開かなかったからです。そしてそのまま年を取ったのです。主を告白することは、信じた時に始めるものです。主を信じてすぐ始めるなら、それ以後、告白の道は開かれ続けるでしょう。もし最初の週、最初の月、最初の年に口を開かないのでしたら、一生涯、口の利けないままであるかもしれません。ですから、主を信じたならすぐ努めて人に主を語るべきです。難しいとか、気が進まないとか感じても、語り出さなければなりません。親せきや友人の前で語るべきです。公に語ることを学ばなければ、一生涯、神の御前で口の利けない者となるでしょう。わたしたちは口の利けない者になってはいけません。ですから最初の時、口を開く学びをすべきです。最初にそれをおろそかにするなら、その後もそうすることは難しいでしょう。神の特別なあわれみがあれば、リバイバルされ、口を開くことができるようになるでしょうが、それはかなり遠回りです。ですから、初信者は機会を捕らえて主を告白すべきです。告白することは大きな事です。告白することは、その人に大きな益をもたらします。

B　口で告白して救われる

ローマ人への手紙第十章十節は言います、「なぜなら、人は心で信じて義とされ、口で告白して救われるからです」。「心で信じて義とされ」。これは神の御前でのことです。「口で告白して救われる」。これは人の前で救われる問題を言います。あなたが信じようと信じまいと、それは神の御前でのことであって、だれにも見えません。もし真に信じるなら、あなたは神の御前で義とされます。しかし、心で信じても口で告白しないなら、人はあなたが救われた人であるとは認めないでしょうし、あなたを未信者と見なすでしょう。あなたと彼らに何の相違も見られないからです。ですから聖書は、心で信じるだけでは不十分であり、口で告白しなければならず、口を用いて語り出さなければならないことを強調するのです。

それゆえ、初信者は機会を捕らえて、主を告白すべきです。あなたが人と接触する時、級友であれ、同僚であれ、親せきであれ、友人であれ、機会あるごとに彼らに向かって、「わたしは主イエスを信じました」と言いましょう。口を開くのが早ければ早いほどいいのです。口を開きさえすれば、彼らはすぐにあなたが主イエスを信じたことをはっきりと知るでしょう。こうしてあなたは信じない人たちの間から救い出されます。

ある人は最初、主を信じることをためらっていたのですが、「わたしはイエスを信じました」と立ち上がって言った途端に決心がついたのを、わたしたちは見てきました。クリスチャンが語らないのは問題です。もし語り出せば、この一歩が踏み出されて、堅固になります。主を信じた最初のころ、多くの人は迷って決心がつかないものですが、「わたしは信じます」と口にするやいなや堅固になります。

C　告白すれば問題がなくなる

心で信じ、口で告白すれば、とても大きな益を受けることができます。それは、将来起こるであろう非常に多くの問題から守ります。

「わたしはもう主イエスに従いました。わたしはすでに主のものです」と口を開いて言わなければ、どうであろうと他の人はあなたが彼らと同様の人であると見ます。その結果、罪深い事、情欲的な事を行なおうとする時、あなたを彼らの仲間と見なします。あなたは、自分の心ではクリスチャンであるから、彼らと混ざり合ってはよくないと思っていても、彼らを断るわけにいかず、彼らの歓心を買ってしまいます。言い訳を思いついて断れば、あるいは逃れられるかもしれませんが、次回、彼らはまたあなたを引っ張りにやってきます。あなたはまたもや理由を考えついて辞退しなければなりません。一回、二回と言い訳をして断り方を考えますが、それで終わりにはなりません。ですから、最初の日に看板を掲げて、自分は主を信じましたと告白しましょう。一回か二回告白するだけで、人はあなたを無理強いしないようになるでしょう。

口を開いて告白しないなら、こっそりとクリスチャンになっているなら、隠し立てのないクリスチャンより問題はどれほど多いかしれません。試みも、隠さないクリスチャンよりどれほど多いかしれません。人情の束縛、過去の関係の束縛から脱け出る方法がありません。毎回、頭が痛いとか、忙しいとか、口実を設けて避けるわけにはいきません。次々と言い訳して断るわけにもいきません。ですから、一日目に「わたしはもう主イエスを信じました。わたしはもう主イエスを受け入れました」と宣言しなければなりません。この看板を掲げれば、同僚、級友、親せき、家族はみな、あなたはそういう人であることを知り、多くの問題を免れることができます。もしそうでなければ、問題がどれほどあるかわかりません。ですから、人がもし口を開いてわたしたちの主を告白することができたなら、多くの煩わしい問題を避けることができます。

D　主を告白しなければ良心は訴える

もし人が口を開いて主を告白しなければ、もう一つの大きな困難があります。この困難は、主が地上におられた時、主を信じていた多くの人たちが経験したものです。

主イエスはユダヤ人たちに拒否されました。ユダヤ人は主イエスをとてもひどく拒みました。また主イエスにとても激しく反対しました。ヨハネによる福音書第九章で、ユダヤ人たちは、だれでもイエスがメシヤであると告白するなら、その者は会堂から追放されると申し合わせていたことを見ます。第十二章で聖書はまた、多くのユダヤの役人たちが、会堂から追放されないために主を告白せずに、こっそりと主イエスを信じていたことを記載しています。この人たちの心は快適だったと思いますか？　主を告白することは快適なことではないかもしれません。しかし、もし主を告白しないなら、もっと不快なことでしょう。ユダヤ人たちの会堂はどういう場所でしょうか？　それは主イエスに反対する場所です。そこでは、主を罠《わな》にかける陰謀、策略が相談されていました。彼らはそこでこのような正しくない事の準備をしていました。真に主イエスを信じている人は、そこに座ってどうしたでしょうか？　口を開かないままでいることは、どれほど大きな力が必要であったことでしょう。この時、口を開いて主を告白することは少し難しかったでしょうが、告白しないことはもっと難しいと感じたことでしょう。

　ユダヤ人の会堂の光景は、世の人が主に反対する光景を表しています。人は主イエスについて非難したり、このナザレ人イエスは災いであるとか、各種各様の話をしてわたしたちの主に反対します。このような状況の下で、あなたは彼らの言っていることを聞き、表面では彼らの仲間のような振りをすることができるでしょうか？　そのような振りをすることは苦痛であり、難しいことであり、自分を押しとどめ、制するのは力のいることです。このような状況の下で、「この方は神の子です。わたしは彼を信じます」と言いたいと少しも思わないでしょうか？「この方はわたしの救い主です。わたしはもう信じています」と言いたいとは思わないでしょうか？「この人は罪悪からわたしを救うことができます。あなたがたは信じないけれども、わたしは信じます」と言いたいとは思わないでしょうか？　このような言葉を語りたいとは思わないでしょうか？

お尋ねしますが、人の尊敬を得るために、人の地位を得るために、無理をして自分の口を封じていることができますか？　ヨハネによる福音書第十二章の数人の役人たちは、会堂から追放されてもいいと思って主を告白したなら、どんなにかすっきりしたことでしょう。もしあなたが偽って信じているなら言うに及びませんが、もしあなたが真に主を信じていながら、主に反対する人に偽って同情を表したりするなら、あなたの内なる良心は必ず訴えるでしょう。彼らが主に反対する時、心の中に平安がないのに、口では「これはとてもおもしろい」と言うなら、それは最も苦しいことではないでしょうか？

主を告白しないことは最も苦痛なことです。人の前で告白できないことは、耐えられないことです。あの役人たちの地位をわたしたちのものと交換しようと言われても、そんなものはないほうがましです。彼らは耐え難かったのです。あなたが信じていないならそれまでですが、真に信じているなら、会堂から出て来たほうがかえって気持のいいことであり、喜ばしく楽しいことです。あなたは難しいと感じられるかもしれませんが、過去の経験から申しあげますと、そのようにしなければ問題はもっと大きくなって、心はもっと耐え難くなります。

例えば、ある人があなたの父母の悪口を言ってけなしているのを聞いたとします。仮に、あなたがそこにじっと座って聞いているだけでなく、彼らと同感だという振りをすることができたとします。お聞きしますが、あなたはいったいどういう人でしょうか？　ましてやわたしたちの主は、命を捨ててあなたを救ったのですから、礼拝し仕えている主のために一句も言わないでいることができるでしょうか？　もしそうであるなら、あなたはあまり役に立たない人でしょう。勇気をもって立ち上がり、「わたしは主のものです」と主のために告白して言いましょう。

二　正す必要のある誤り

A　良い行ないをもって、口で告白する代わりとする

初信者のある人は、伝統的な教えの影響によって、よく一つの誤りを犯します。すなわち、人は良い行ないをすることが重要であって、口で告白するかしないかは重要ではないとします。語ることを変えても役に立たず、最も重要なのは行ないが改まることであるとします。この種の誤りは正さなければなりません。行ないは改まる必要がないと言っているのではありません。行ないが改まらなければ、口で言っても当然役に立ちません。しかし、行ないが改まっても口で言わなければそれも役に立ちません。行ないが改まることは、口で告白することに取って代わることは決してできません。行ないが改まっても、やはり口で告白しなければなりません。

初信者はだれでもなるべく早い機会に、「わたしはもう主イエスを信じました」と人に向かって表明すべきです。口で言わなければ、他の人はあなたについて多くのことを想像したり、哲学的な方法であなたの行ないを解釈したりするでしょう。彼らはさまざまな言い方をしますが、それは主イエスに触れていないからです。ですか

ら、あなたの行為が改まったのはどんな原因によるのかを、彼らに告げるべきです。良い行ないが口で告白することに取って代わることはできません。良い行ないはあるべきです。口で告白することもあるべきです。「イエスはわたしの主です。わたしは彼に仕えます」と人に向かって言いましょう。あなたの行ないがどんなに良かろうと、これらの言葉を語り出さなければなりません。

外側の行ないが良ければ、口を開かなくてもよいと人が言うのを、耳にすることがあります。そのように話す人には、もし行ないが少し悪くても、だれも何も言わないでしょう。しかし、「わたしはクリスチャンです」と立ち上がって告白するなら、あなたの行為が少しでも悪い時、人はすぐにあなたを責めるでしょう。行ないさえ良ければ口で告白する必要はないと言うのは、行ないを悪くしてもいいという機会を残しておくことであり、人から責められないですむ機会を残しておくことです。ですから、行為を改めればそれでいいなどと、絶対に信じてはいけません。口で告白することが欠けてはなりません。口を開いて告白することは当然なすべきことです。

B　クリスチャンを最後まで続けられないことを恐れる

ある人は次のように考えます、「わたしが告白してしまえば、クリスチャンを最後までやれない時、物笑いになるのではないか。三年たっても五年たってもクリスチャンをうまくやれなかったら、その時はどうしたらよいだろうか？　それなら言わないほうがましだ。何年かやってみてうまくやれそうだったら、そのとき言うことにしよう」。こういう人に対しては、行ないが悪いことを恐れたり、つまずくことを恐れたりして告白しないなら、確かにあなたはつまずくでしょうと言うことができます。あなたは裏門を残しておき、正門を歩くことをしないからです。告白しないでおいて、しっかりしてから告白しようと準備しているからです。わたしたちは、あなたはきっとつまずくでしょうと確信をもって言います。立ち上がって「わたしは主のものです」と言ったほうが、どんなにかいいでしょう。先に裏門を閉じてしまえば、後ずさりしてつまずくこともなくなるでしょう。このようであれば、前進する機会は後退する機会よりもずっと多くなるでしょう。事実、これによってこそあなたは前進することが可能になるのです。

行ないが良くなってから口を開こうと思うなら、あなたの口は一生涯、開くことがないでしょう。一生涯、口の利けないままでしょう。行ないが良くなったとしても、やはり口の利けないままでしょう。最初のころに口を開かなければ、この口は簡単には開きません。もし口を開くなら、あなたの行ないが良くなる機会はずっと多くなります。行ないが良くなってから口を開こうと思うなら、口を開く機会もなければ、行ないが良くなる機会もありません。両方とも失い、両方とも失敗します。

わたしたちを慰めてくれる一つの事があります。それは、神はわたしたちを救う神であるだけではなく、わたしたちを守る神でもあるということです。救うとはどういうことでしょうか？　救うとは、ちょうどある物を買い戻すようなものです。守るとはどういうことでしょうか？　守るとは、ちょうどその物を自分の手の中に入れて置くようなものです。お尋ねしますが、捨てるために物を買う人がこの世にいるでしょうか？　五年や十年使おうと思って時計を買うのであって、買ってきてすぐ捨てるようなことはしません。神は至る所で人を救われますが、救っておいて捨てるようなことはなさらず、守ってくださいます。神がわたしたちを救われるのは、わたしたちを守るためです。神はわたしたちを救い、かの日までわたしたちを守ってくださいます。神はあなたを救うためにはご自身の御子を捨てるほどに、あなたを愛しておられます。神がもしあなたを守るつもりがなかったなら、そんなに大きな代価を払うことはされなかったでしょう。あなたを守ることは神のみこころです。あなたを守ることは神のご計画です。「わたしは主を信じています」と立ち上がって言って、数日後駄目だったらどうしようかと恐れてはいけません。自分で思い煩わないでください。神にその責任を果たしてもらえばいいのです。単純に立ち上がって、「わたしは神のものです」と言ってください。自分を神にゆだねなさい。あなたが助け、慰め、守りを必要としていることを、神はご存じです。神は必ず人の救いを守ってくださると、わたしたちは確信をもって言います。なぜなら、守ることがあってこそ、贖いに意義があるからです。

C　人を恐れる

ある人は、人を恐れるためにあえて告白しません。多くの人は心の中では確かに喜んで立ち上がって告白したいと思っています。しかし、人の顔を見ると何も言えなくなってしまいます。両親の顔を見るなり、言うのは好ましくないと感じます。友人の顔を見ると、ためらってしまいます。多くの人は、人を恐れて口を開く勇気がないという問題に出くわします。そういう人は主を信じることについてだけでなく、生まれつきおくびょうなのです。人の前で「わたしは主を信じています」と言うことは、彼にとって命がけのことですから、彼は口を開きたがりません。

しかしながら、このような人は神の言葉を聞くべきです。箴言第二九章二五節は言います、「人を恐れると罠にかかり」。人を見て恐れるなら、罠にかかります。どこかで恐れれば、そこで罠にかかります。その恐れこそ、あなたの罠です。人を恐れる心がそこにあれば、一つの罠が出来上がります。あなたが恐れれば、罠にかかってしまいます。この罠は、あなた自身の恐れが作り出したものです。実は、あなたが恐れているその人は、ひょっとしてとても聞きたがっているかもしれません。喜んで聞きたがらないとしても、必ずしもあなたが思うほど恐ろしい人ではないでしょう。

そのような内容の物語が以下にあります。二人の同僚がいて、一人は主を信じており、もう一人は信じていませんでした。主を信じている人も、主を信じていない人も、とてもおくびょうでした。主を信じている人はおくびょうですから、その同僚に向かって、自分が救われたことを話そうとしませんでした。まだ主を信じていないその人は、この同僚に大きな変化があるのを見ました。以前はせっかちだったのに、今はせっかちでなくなっているので、心の中でとても不思議に思いましたが、その原因を尋ねようとはしませんでした。彼らは一つの机で毎日向かい合って働いていました。しかし、一人は恐れて語ろうとしないし、もう一人は恐れて尋ねようとせず、毎日相手を見ているだけでした。一人は尋ねようとせず、一人は告げようとしません。ある日、主を信じているその人はもう我慢できなくなり、よくよく祈った後、その人の前へ行き、手を固く握って言いました。「わたしはおくびょうであり、少なくとも三か月の間、言うことができませんでしたが、今わたしは主イエスを信じたことをあなたに言います」と顔を真っ青にして語りました。その人は、「わたしも三か月の間、あなたがどうして以前と違うのかを聞こうと思いながら、聞けないでいました」と言いました。その信者は勇気を振るって口を開きました。その時以来、機会が開かれました。そして彼は自分の友人を主へと導くことができました。

人を恐れる者は罠にかかります。あなたが人を恐れている時、相手もあなたを恐れているかもしれないのです。ですから、人を恐れる心があってはなりません。わたしたちは神に従う人であって、人を恐れる者となってはいけません。人を恐れる心があると、良いクリスチャンになることはできませんし、神に仕えることもできません。クリスチャンは、親せきや友人に対して大胆に語らなければなりません。また個人の前でも人々の前でも、主を大胆に告白しなければなりません。わたしたちは最初からこの道を歩まなければなりません。

D　恥ずかしがる

またある人は恥ずかしがります。彼はクリスチャンであることは恥ずかしいと感じます。未信者の前では確かにこの味わいがあります。今日もしあなたが何かの技術を研究していると言えば、人はあなたを前途のある人だと言うでしょう。もしあなたが何かの哲学を研究していると言うなら、人はあなたを思想のある人だと言うでしょう。他の事をやっていると言う時は全く恥ずかしいと感じませんが、自分がクリスチャンであると言う時、多くの人は、あなたの学問は駄目であるとか、思想もなっていないと言うでしょうから、自分はさほど役に立たないと感じてしまいます。別の事を言う時は、いかなる時でも恥ずかしいと感じませんが、クリスチャンであると告白すると、内側に恥ずかしさを感じます。ですから初信者が、自分はクリスチャンであると口を開いて言う時、恥ずかしいという感覚を免れることができません。しかし、この種の感覚は必ず打ち破らなければなりません。確かに、ある人がクリスチャンになることを、世の人は恥ずべきことであると感じます。しかし、わたしたちはこの感覚を打ち破る必要があります。

どのようにしてこのような恥ずかしいという感覚を打ち破ることができるでしょうか？　二方面から見てみましょう。

一面において、主イエスは十字架に掛けられた時、わたしたちの罪を担ってくださいましたし、恥をも担ってくださいました。わたしたちの主がわたしたちの罪を担われた時、彼は最大の辱《はずかし》めを受けられました。今日もしわたしたちが人の辱めを受けるとしたら、それは神の御前で当然のことです。今日わたしたちが主のために人の前で受ける辱めは、主がわたしたちのために十字架上で受けられた辱めにはほど遠く、及ばないものです。ですから、辱めがあることは少しも不思議ではありません。わたしたちは、自分が主のものであることを知るべきです。

もう一面において、とても良い詩が次のように言っています、「あなたは恥じるのか！　それはちょうど朝が顔を真っ赤にして太陽を否むようだ！　主が神聖な光を放ち、わたしの暗い良心を照らしているのに！」。主がわたしたちに恵みを与え、救ってくださったのに、わたしたちが彼を恥とするのであれば、朝もそれを明るくする太陽を恥とすることができるのです。今日、主はあなたに恵みを与え、あなたを救い、あなたを支え、あなたを高い境地にまで導こうとしておられるのに、あなたが彼を告白するのを恥とするなら、すべての恵みはみな恥ずべきものとなり、告白しなくてもよいことになります。主はあなたの上でこんなにも多くの事をなしてくださったのに、それでもあなたは主を告白することは恥ずべきことであると感じるのでしょうか？　そんなことがあっていいはずはありません。

実は、わたしたちが恥ずべきであると感じることは、宴楽、酒に酔うこと、情欲におぼれること、ひそかに事を行なうこと、悪をなして罪を犯すことです。主はわたしたちをこれらから救ってくださったので、わたしたちは栄光を感じてこそ正しいのです。どうして恥の感覚があっていいでしょうか？　主を告白することは恥ではありません。主を告白することは栄光であり、喜ばしいことです。わたしたちは永遠に滅びず、神に罪定めされず、裁きを免れており、永遠に神の栄光の御顔を離れることはありません。わたしたちは小羊に従う者たちであり、わたしたちは小羊と永遠に共にいる者たちです(啓十四・四)。人が恥の観念をわたしたちに加えるのは、全く正しくないことです。わたしたちは勇敢に立ち上がって、自分が神の者であることを言うべきです。わたしたちは喜び、主に栄光を帰すべきです。

ペテロは平素はかなり強い人でした。弟子たちの間で何かあれば一番になりたいと思い、どんな事でも他の人の前に出たいと思っていました。しかしある日、彼は主を告白しなかったために、一匹の小ねずみのようになり、人に聞かれるとおじけてしまいました。人から見てペテロはふだん英雄であり、弟子たちのかしらでした。しかし、他の人が彼を殺すと言ってもいないのに彼は恐れてしまいました。「この人は、あのナザレ人イエスと一緒にいました」と一句言われただけなのに、彼は震えて人前で誓って否みました。これは取り乱した姿でした。告白しないことはみな、取り乱した姿と同じです。ペテロはそこで一番恥ずかしい思いをしました。ペテロにとって、告白しなかったことが最も恥ずかしいことでした(マタイ二六・六九―七五)。

口を開く大胆さのない人はすべて恥ずべき人です。真に栄光ある人は、火の中で焼かれようと、水の中に沈められようと、告白して言います、「わたしはナザレ人イエスに属する者です」。人にむち打たれ、ししの穴に投げ入れられても、「わたしはナザレ人イエスに属する者です」と言います。これは全世界で最も栄光あることです。最も恥ずべきことは、主を告白することを恥ずかしいとすることです。そのような人は役に立ちません。そのような人は、自分自身をさえ憎んで、これは何という恥であろうかと言わなければなりません。自分自身を軽んじ、自分の持っているものを恥ずかしいとすることは、最も恥ずべきことです。

ですから、恐れることは間違っていますし、あるべきでありません。恥ずかしがるのも誤りですし、あってはなりません。主に従うことを学んだ人は、勇敢に人の前で主を告白することを学ぶべきです。もし光が恥であり、暗やみが栄光であるなら、もし聖潔が恥であり、罪を犯すことが栄光であるなら、もし霊的であることが恥であり、肉的なことが栄光であるなら、もし主に従うことが恥であり、人に従うことが栄光であるなら、わたしたちはあえて恥を選び、キリストと共にそしりを受けることを願います。ちょうどモーセが、人の間で栄光を受けることよりもそしりを受けることをまさっているとしたようにです(ヘブル十一・二六)。

E　人の栄光をむさぼる

ヨハネによる福音書第十二章の役人たちはどうして主を告白しなかったのでしょうか? それは、彼らが神の栄光以上に人の栄光をむさぼったからです。多くの人が告白しようとしないのは、キリストも会堂も、両方とも欲しいからです。キリストを得たいので、主を信じます。会堂も欲しいので、主を告白しません。両方を望むことは、絶対的でないことです。

主に仕えることを学びたいのでしたら、主と会堂のうちからどちらか一つを選ばなければなりません。そうしなければ、あなたは決して良いクリスチャンにはなれません。主と世の人とから一つの道を選び出さなければなりません。役人たちは人の好意を失うことを恐れました。告白すれば会堂から追放されると恐れたのです。しかし、絶対的に主を選んだ人は、会堂から追放されることを恐れませんでした。

主を信じた後、他の人があなたを迫害しに来なければ、あなたは「主よ、あなたに感謝します」と言うべきです。主を信じた後、口で告白した後、だれかが迫害しに来ても、あなたは「主よ、あなたに感謝します」と言うべきです。これに何の不思議があるでしょう。会堂に少し未練があるために、口を開いて自分が主イエスを信じる者であることを告白しなかったあの役人たちのようであってはなりません。教会の中の人たちがみな彼らのようであったなら、今日、地上には教会がないでしょう。もし当初ペテロが主を信じた時、家に帰ってしまって、一言も言わなかったとしたら、もしパウロ、ルター、ダービーなどの主を信じた人がみな一言も語らなかったとしたら、もし教会の人たちがみな一言も声に出して主を告白しようとしなかったなら、彼らの煩いは確かに少なかったでしょう。しかし今日、地上に教会はなかったことでしょう！

教会には一つの特徴があり、それは進んで主を信じることです。教会にはもう一つの特徴があり、それは進んで主を信じたことを告白することです。救われるとは、ただ主イエスを信じることだけではなく、信じて、さらに自分が主を信じたことを告白することでもあります。この告白は重要です。キリスト教は行為にあるだけでなく、口にもあるのであり、口で言わないわけにはいきません。「わたしはクリスチャンです」と言うべきです。クリスチャンは行ないが良いだけでは足りません。口で言ってはじめて確かになります。口を取り除けば、キリスト教はなくなります。聖書の言葉ははっきりしています、「心で信じて義とされ、口で告白して救われる」。キリスト教とは、心で信じることと口で告白することです。

三　主を言い表すことと主がわたしたちを言い表すこと

主は言われました、「それゆえに、だれでもわたしの中で、人々の前でわたしを言い表す者は、わたしもその人の中で、天におられるわたしの父の御前でその人を言い表す」（マタイ十・三二）。主に感謝します。今日わたしたちが主を言い表すなら、将来、主もわたしたちを言い表してくださいます。主はまた言われました、「しかし、だれでも人々の前でわたしを否む者を、わたしも天におられるわたしの父の御前で否む」（マタイ十・三三）。「しかし、人々の前でわたしを否む者は、神の御使いたちの前で否まれるであろう」（ルカ十二・九）。この違いは何と大きいことでしょう。あなたは人の前で、あなたが信じている、すべてを超越したこの方、千々万々の人の中で第一の方である彼が、本当に神の御子であると言うだけにすぎません。しかし、主は天の父の御前で、神の御使いたちの前で、あなたを言い表してくださるのです。

人の前でこのような主を言い表すことが難しいと感じるなら、かの日に主が父の栄光の中で降りて来られる時、彼もまたあなたのような人を言い表すのが難しくなることでしょう。今日わたしたちは、人を恐れるゆえに人の前で主を言い表さないようではいけません(イザヤ五一・十二)。今日もしわたしたちが人の前で生ける神の御子イエス・キリストを言い表すことが難しいと感じるなら、かの日にわたしたちの主が戻ってこられる時、彼は父の御前で、すべての栄光なる御使いたちの前で、わたしたちを言い表すことも難しいと感じられるでしょう。これは何と厳粛なことでしょう!

実は、今日わたしたちが彼を言い表すことは、少しも難しくありません。彼がわたしたちを言い表すことと比べるなら、少しも難しくはありません。彼がわたしたちを言い表すほうが、かえって難しいことです。なぜなら、放蕩《ほうとう》息子が家に帰ったのと同じように、わたしたちには何の良い所もないからです。将来、彼はわたしたちを言い表そうとしておられるのですから、今日わたしたちも人の前でよくよく彼を言い表しましょう。

どうか初信者の兄弟姉妹が、最初から大胆に主を言い表しますように。決してひそかにクリスチャンになってはいけません。

口で告白する

2012 年 1 月 10 日　初版印刷発行　定価 250 円（本体 238 円）

著　者　ウ　オ　ッ　チ　マ　ン・ニ　ー

発行所　ＪＧＷ日　本　福　音　書　房

〒 151-0053 東 京 都 渋 谷 区 代 々 木 1-40-4

ＴＥＬ 03-3373-7202　ＦＡＸ 03-3373-7203

（本のご注文）ＴＥＬ 03-3370-3916　ＦＡＸ 03-3320-0927

振替口座００１２０－３－２２８８３

落丁・乱丁の際はお取りかえいたします。

ISBN978-4-89061-621-3 C0016 ¥238E